Impressum
Verlag: BABADADA GmbH, Nedderfeld 112 , 22529 Hamburg
Geschäftsführer / Verlagsleitung: Harald Hof
Druck: Books on Demand GmbH, In de Tarpen 42, 22848 Norderstedt

Imprint
Publisher: BABADADA GmbH, Nedderfeld 112 , 22529 Hamburg, Germany
Managing Director / Publishing direction: Harald Hof
Print: Books on Demand GmbH, In de Tarpen 42, 22848 Norderstedt, Germany

مدرسه

escola

کلاس درس
sala de aulas
تقسیم کردن
dividir
تخته
quadro
pátio da escola
معلم
professor
کاغذ
papel
نوشتن
escrever
خودکار
caneta
میز تحریر
secretária
خط کش
régua
کتاب
livro
دانش آموز
aluno

کیف مدرسه

mochila

جامدادی

estojo de lápis

مداد

lápis

تراش

afia-lápis

پاک کن

borracha

دفتر رسم

bloco de desenho

طراحی

desenho

قلم مو

pincel

جعبه ی آبرنگ

caixa de tintas

قیچی

tesoura

چسب

cola

کتاب تمرین

livro de exercícios

تکلیف خانه

trabalhos de casa

رقم

número

جمع کردن

somar

تفریق کردن

subtrair

ضرب کردن

multiplicar

محاسبه کردن

calcular

حرف الفبا

letra

الفبا

alfabeto

کلمه

palavra

متن
.....
texto

خواندن
.....
ler

گچ
.....
giz

درس
.....
hora

ثبت نام
.....
registo de presenças

امتحان
.....
exame

مدرک رسمی
.....
certificado

لباس مدرسه
.....
uniforme escolar

تحصیلات
.....
educação

دانشنامه
.....
enciclopédia

دانشگاه
.....
universidade

میکروسکوپ
.....
microscópio

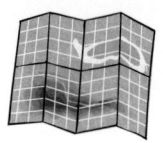

نقشه
.....
mapa

سبد کاغذ باطله
.....
cesto de lixo

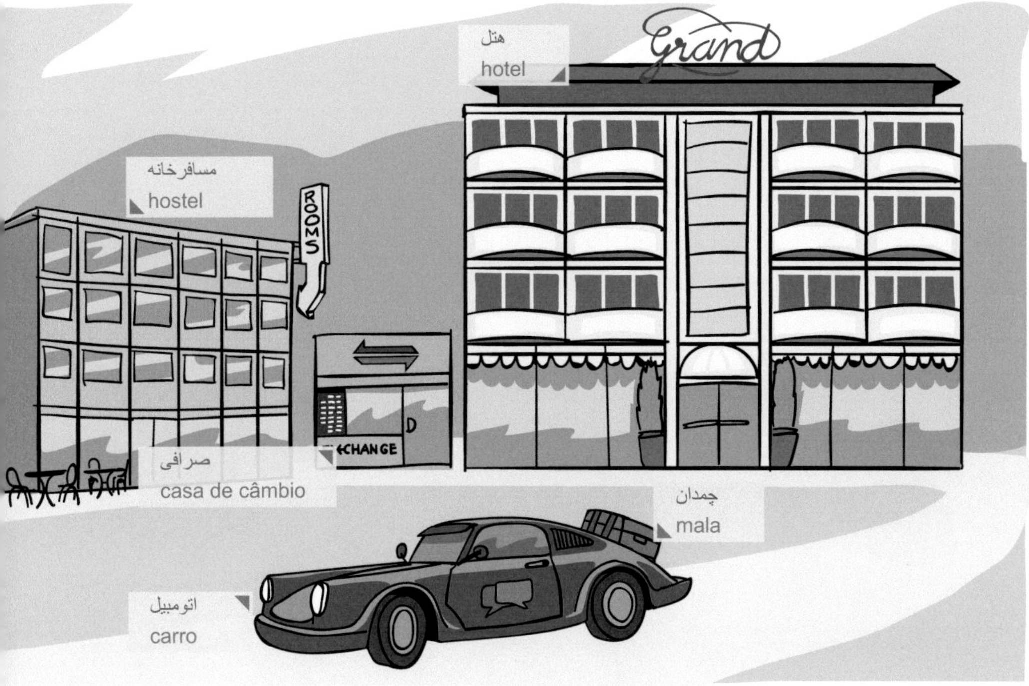
هتل
hotel
Grand
مسافرخانه
hostel
ROOMS
EXCHANGE
صرافی
casa de câmbio
چمدان
mala
اتومبیل
carro

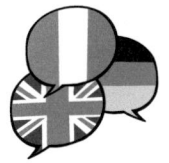

زبان

idioma

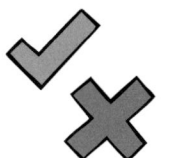

بله / خیر

sim / não

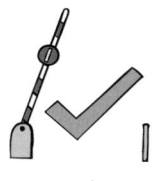

اکی

ok / certo / correto

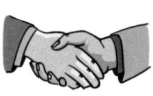

سلام

olá

مترجم

intérprete

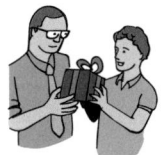

ممنون

obrigado

قیمت ... چه قدر است؟

quanto é que custa... ?

من متوجه نمی شوم

não entendo

مشکل

problema

عصر بخیر! / شب بخیر!

boa noite!

صبح بخیر!

Bom dia!

شب بخیر!

Boa noite!

خدانگهدار

adeus

جهت

direção

بار سفر

bagagem

کیف

saco

کوله پشتی

mochila

مهمان

convidado

اتاق

quarto

کیسه خواب

saco-cama

خیمه

tenda

مرکز راهنمای گردشگران

informação turística

ساحل

praia

کارت اعتباری

cartão de crédito

صبحانه

pequeno-almoço

نهار

almoço

شام

jantar

بلیط

bilhete

آسانسور

elevador

مهر

selo postal

مرز

fronteira

گمرک

alfândega

سفارتخانه

embaixada

ویزا

visto

گذرنامه

passaporte

حمل و نقل

transporte

هواپیما
avião
کشتی
navio
ماشین آتش نشانی
carro de bombeiros
اتوبوس
autocarro
کامیون
camião
قایق موتوری
barco a motor
دوچرخه
bicicleta
اتومبیل
carro

کشتی مسافربری

cacilheiro

قایق

barco

موتورسیکلت

mota

ماشین پلیس

carro de polícia

ماشین مسابقه

carro de corrida

ماشین کرایه ای

carro alugado

به اشتراک گذاری اتوموبیل

carsharing

جرثقیل

camião de reboque

ماشین حمل زباله

camião do lixo

موتور

motor

بنزین

combustível

پمپ بنزین

estação de serviço

تابلو راهنمایی و رانندگی

sinal de trânsito

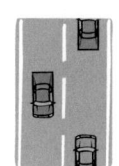

عبور و مرور

trânsito

ترافیک

congestionamento de trânsito

پارکینگ

parque de estacionamento

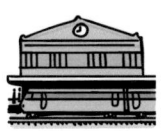

ایستگاه قطار

estação ferroviária

ریل راه آهن

carris

قطار

comboio

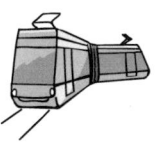

قطار برقی

elétrico

واگن

carruagem

هلیکوپتر

helicóptero

فرودگاه

aeroporto

برج

torre

مسافر

passageiro

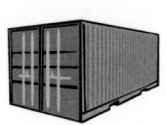

کانتینر

contentor

کارتن

caixa de papelão

گاری

carrinho

سبد

cesto

به پرواز درآمدن / فرود آمدن

levantar voo / aterrar

شهر

cidade

دهکده

aldeia

مرکز شهر

centro da cidade

خانه

casa

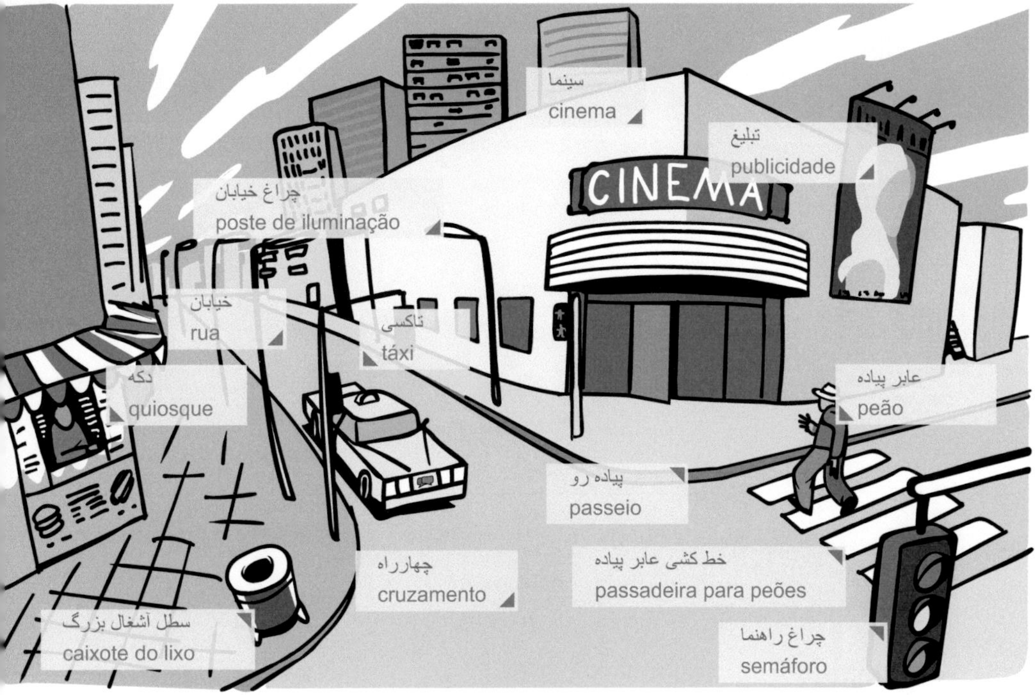

سینما
cinema
تبلیغ
publicidade
چراغ خیابان
poste de iluminação
خیابان
rua
تاکسی
táxi
دکه
quiosque
عابر پیاده
peão
پیاده رو
passeio
چهارراه
cruzamento
خط کشی عابر پیاده
passadeira para peões
سطل آشغال بزرگ
caixote do lixo
چراغ راهنما
semáforo

کلبه

cabana

آپارتمان

apartamento

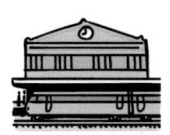

ایستگاه قطار

estação ferroviária

ساختمان شهرداری

câmara municipal

موزه

museu

مدرسه

escola

شهر - cidade

دانشگاه

universidade

بانک

banco

بیمارستان

hospital

هتل

hotel

داروخانه

farmácia

اداره

escritório

کتابفروشی

livraria

مغازه

loja

گل فروشی

florista

سوپرمارکت

supermercado

بازار

mercado

فروشگاه بزرگ

loja de departamentos

ماهی فروش

peixaria

مرکز خرید

centro comercial

بندر

porto

پارک

parque

نیمکت

banco

پل

ponte

پله

escadas

مترو

metro

تونل

túnel

ایستگاه اتوبوس

paragem de autocarro

میخانه

bar

رستوران

restaurante

صندوق پست

caixa de correio

تابلوی خیابان

sinal de trânsito

دستگاه پارکومتر

parquímetro

باغ وحش

jardim zoológico

استخر شنای عمومی

piscina

مسجد

mesquita

شهر - cidade

مزرعه

quinta

آلودگی محیط زیست

poluição

قبرستان

cemitério

کلیسا

igreja

زمین بازی

parque infantil

معبد

templo

چشم انداز

paisagem

برگ
folha
تابلوی راهنمای مسیر
placa de sinalização
راه
caminho
چمنزار
prado
سنگ
pedra
راه نورد
caminhantes
درخت
árvore
رودخانه
rio
چمن
relva
گل
flor

دره

vale

تپه

montanha

دریاچه

lago

جنگل

floresta

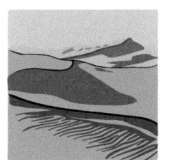

بیابان

deserto

کوه آتشفشان

vulcão

قلعه

castelo

رنگین کمان

arco-íris

قارچ

cogumelo

درخت نخل

palma

پشه

mosquito

مگس

mosca

مورچه

formiga

زنبور

abelha

عنکبوت

aranha

سوسک

besouro

قورباغه

sapo

سنجاب

esquilo

جوجه تیغی

ouriço

خرگوش صحرایی

lebre

جغد

coruja

پرنده

pássaro

قو

cisne

گراز

javali

گوزن نر

veado

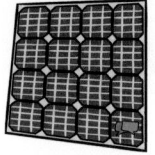

گوزن شمالی

alce

سد آب

barragem

توربین بادی

turbina eólica

صفحه ی خورشیدی

painel solar

آب و هوا

clima

رستوران

restaurante

empregado de mesa
منوی غذا
menu
صندلی
cadeira
سوپ
sopa
پیتزا
pizza
سرویس کارد و قاشق و چنگال
talheres
رومیزی
toalha de mesa

پیش‌غذا
....
entrada

غذای اصلی
....
prato principal

دسر
....
sobremesa

نوشیدنی ها
....
bebidas

غذا
....
comida

بطری
....
garrafa

فست فود

fast food

اغذیه خیابانی

comida de rua

قوری

bule de chá

قندان

açucareiro

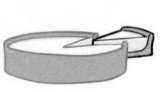

پُرس غذا

porção

دستگاه اسپرسو

máquina de café expresso

صندلی پایه بلند غذاخوری بچه

cadeira alta

صورتحساب

conta

سینی

bandeja

چاقو

faca

چنگال

garfo

قاشق

colher

قاشق چایخوری

colher de chá

دستمال سفره

guardanapo

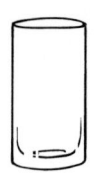

لیوان

copo

بشقاب
prato

بشقاب سوپخوری
prato de sopa

نعلبکی
pires

سس
molho

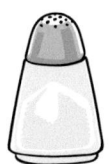

نمکدان
saleiro

فلفل ساب
moinho de pimenta

سرکه
vinagre

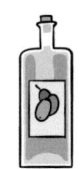

روغن خوراکی
óleo

ادویه جات
especiarias

سس کچاپ
ketchup

سس خردل
mostarda

سس مایونز
maionese

سوپرمارکت
supermercado

پیشنهاد ویژه
oferta especial
مشتری
cliente
لبنیات
laticínios
میوه جات
fruta
چرخ دستی خرید
carrinho de compras

قصابی

talho

نانوایی

padaria

وزن کردن

pesar

سبزیجات

vegetais

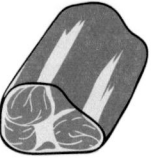

گوشت

carne

غذای منجمد

alimentos congelados

مخلوطی از انواع کالباس یا پنیر که
ورقه ای بریده شده باشند

charcutaria

غذای کنسروی

comida enlatada

پودر لباسشویی

detergente em pó

شیرینی جات

doces

لوازم خانگی

artigos domésticos

ماده شوینده و پاک کننده

produtos de limpeza

فروشنده

vendedora

صندوق پرداخت

caixa

صندوقدار

caixa

لیست خرید

lista de compras

ساعات کار

horário de funcionamento

کیف پول

carteira

کارت اعتباری

cartão de crédito

کیف

saco

کیسه ی پلاستیکی

saco de plástico

نوشیدنی ها
bebidas

آب

água

آبمیوه

sumo

شیر

leite

نوشابه کوکاکولا

coca-cola

شراب

vinho

آبجو

cerveja

الکل

álcool

کاکائو

cacau

چای

chá

قهوه

café

قهوه اسپرسو

café expresso

کاپوچینو

capuccino

موز

banana

سیب

maçã

پرتقال

laranja

انواع هندوانه و خربزه

melão

لیمو

limão

هویج

cenoura

سیر

alho

نی بامبو

bambu

پیاز

cebola

قارچ

cogumelo

آجیل

nozes

ماکارونی

talharim

اسپاگتی

esparguete

برنج

arroz

سالاد

salada

سیب زمینی سرخ کرده

batatas fritas

سیب زمینی سرخ شده

batatas fritas

پیتزا

pizza

همبرگر

hambúrguer

ساندویچ

sanduíche

شنیتسل

bife panado

ژامبون خوک

fiambre

سالامی

salame

سوسیس

salsicha

مرغ

galinha

نوعی گوشت سرخ شده

assado

ماهی

peixe

جوی پرک شده

flocos de aveia

نوعی صبحانه مخلوطی از برگه ذرت و
میوه های خشک شده و خشکبار که
معمولا با شیر خورده می شود

muesli

کورنفلکس

flocos de milho

آرد

farinha

کرواسان

croissant

نان بروتشن

carcaça (pãozinho)

نان

pão

نان تست

torrada

بیسکویت

biscoitos

کره

manteiga

کشک

requeijão

کیک

bolo

تخم مرغ

ovo

تخم مرغ نیمرو

ovo estrelado

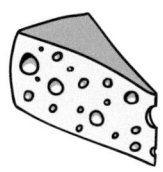

پنیر

queijo

بستنى
gelado

شکر
açúcar

عسل
mel

مربا
compota

کرم شکلاتی بادامی
creme de nougat

ادویه کاری
caril

مزرعه

quinta

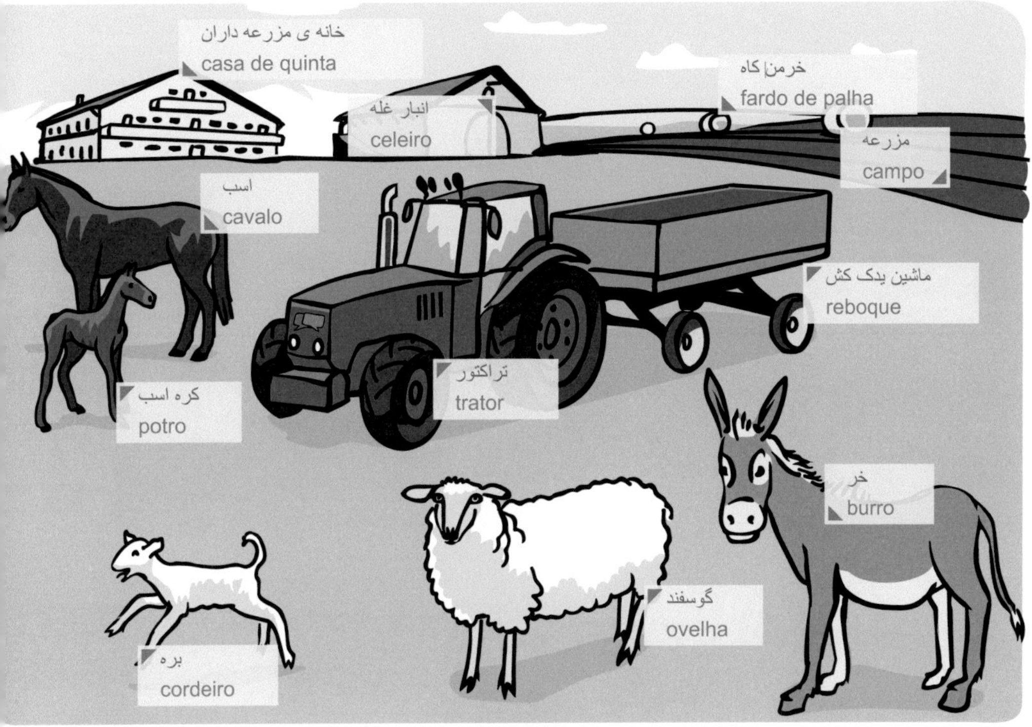

خانه ی مزرعه داران
casa de quinta
انبار غله
celeiro
خرمن کاه
fardo de palha
مزرعه
campo
اسب
cavalo
ماشین یدک کش
reboque
تراکتور
trator
کره اسب
potro
خر
burro
گوسفند
ovelha
بره
cordeiro

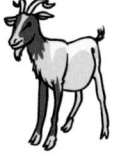

بز

cabra

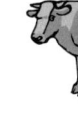

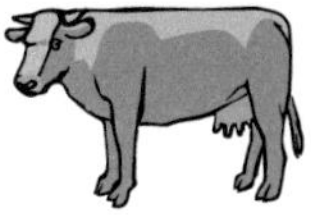

گاو ماده

vaca

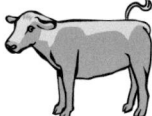

گوساله

bezerro

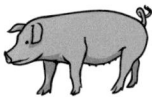

خوک

porco

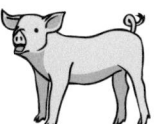

بچه خوک

leitão

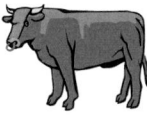

گاو نر

touro

غاز

ganso

اردک

pato

جوجه

pintaínho

مرغ

galinha

خروس

galo

موش صحرایی

ratazana

گربه

gato

موش

rato

گاو نر اخته

boi

سگ

cão

لانه ی سگ

casota

شلنگ باغبانی

mangueira de jardim

آبپاش

regador

داس دسته بلند

foice

گاوآهن

arado

داس

foice

کج بیل

enxada

چنگک باغبانی

forquilha

تبر

machado

فرقون

carrinho de mão

آبشخور

manjedoura

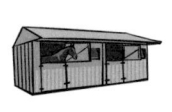

بطری نگهداری شیر

jarro de leite

کیسه

saco

حصار

cerca

اصطبل

estábulo

گلخانه

estufa

خاک

solo

بذر

semente

کود

fertilizante

ماشین کمباین

ceifeira-debulhadora

برداشت کردن محصول

colher

محصول

colheita

تمیس

inhame

گندم

trigo

سویا

soja

سیب زمینی

batata

ذرت

milho

کلزا

colza

درخت میوه

árvore de fruto

گیاه مانیوک

mandioca

غلات

cereais

خانه

casa

دودکش
chaminé
پشت بام
telhado
ناودان
caleira
پنجره
janela
گاراژ
garagem
زنگ در
campainha da porta
در
porta
سطل آشغال
balde do lixo
صندوق مراسلات
caixa de correio
باغ
jardim

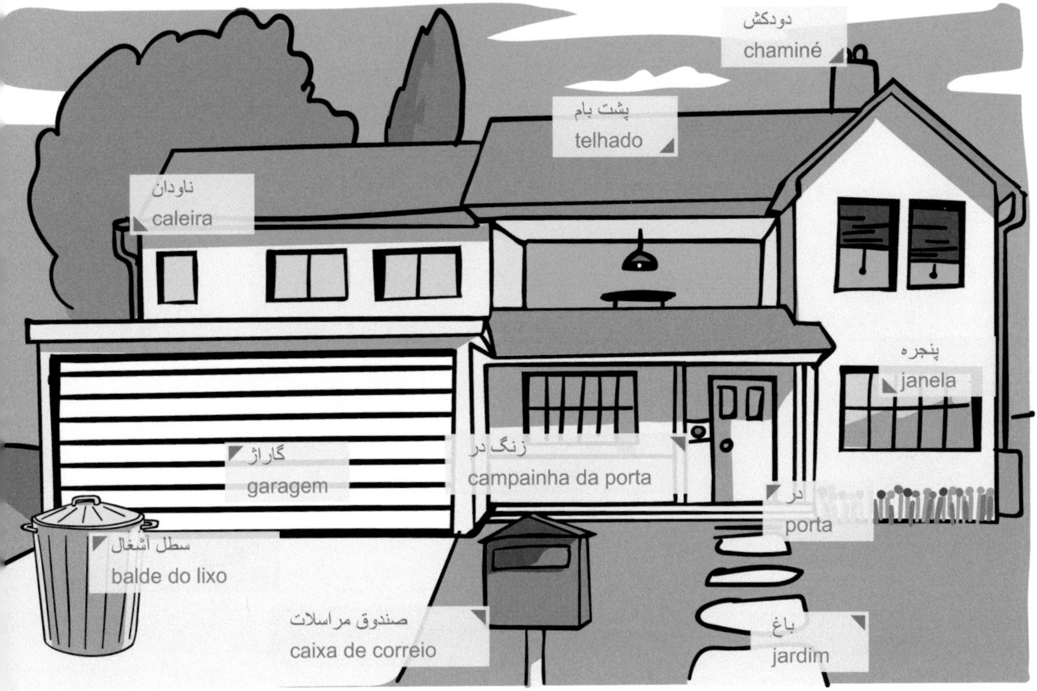

اتاق نشیمن

sala de estar

حمام

casa de banho

آشپزخانه

cozinha

اتاق خواب

quarto de dormir

اتاق بچه

quarto de criança

ناهارخوری

sala de jantar

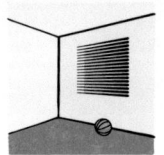

کف زمین

chão

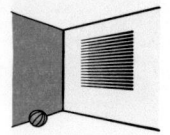

دیوار

parede

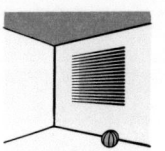

سقف

teto

زیرزمین

cave

سونا

sauna

بالکن

varanda

تراس

terraço

استخر

piscina

ماشین چمنزنی

máquina de cortar relvado

ملافه

lençol

روتختی

cobertor

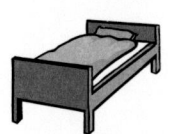

تخت خواب

cama

جارو

vassoura

سطل

balde

سویچ یا کلید

interruptor

اتاق نشیمن

sala de estar

عکس
imagem
لامپ
lâmpada
قفسه
prateleira
کابینت
armário
تلویزیون
televisão
شومینه
lareira
گل
flor
کوسن
almofada
کاناپه
sofá
گلدان
vaso
کنترل تلویزیون و ویدئو و غیره
controlo remoto

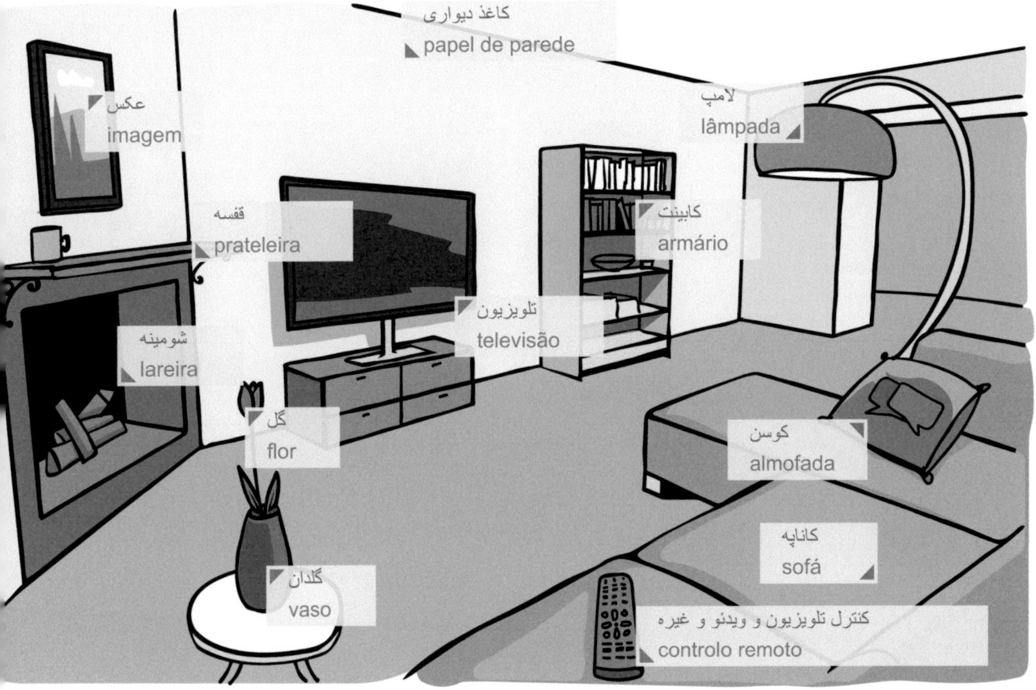

فرش

tapete

پرده

cortina

میز

mesa

صندلی

cadeira

صندلی گهواره ایی

cadeira de baloiço

صندلی راحتی

poltrona

كتاب

livro

لحاف

cobertor

دكوراسیون

decoração

هیزم

lenha

فیلم

filme

دستگاه ضبط صوت

sistema estéreo

کلید

chave

روزنامه

jornal

تابلو نقاشی

pintura

پوستر

póster

رادیو

rádio

دفترچه یادداشت

bloco de notas

جاروبرقی

aspirador

کاکتوس

cato

شمع

vela

آشپزخانه

cozinha

یخچال
frigorífico
ماکروویو
microondas
balança de cozinha
تُستر
torradeira
ماده شوینده و پاک کننده
detergente
فر خوراک پزی
forno
جایخی
congelador
سطل آشغال
balde do lixo
ماشین ظرفشویی
máquina de lavar louça

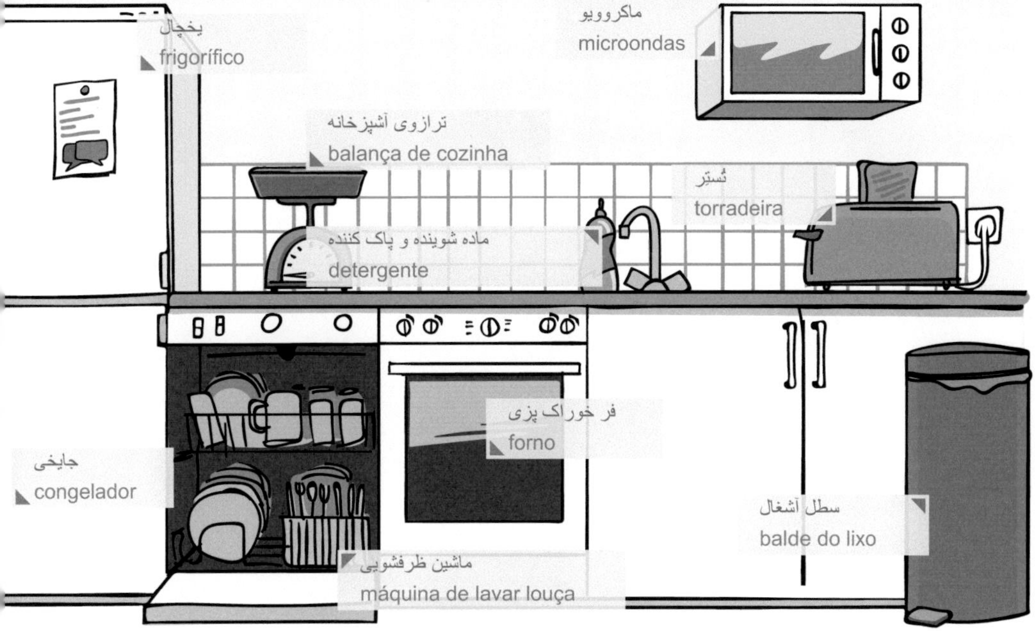

اجاق گاز

fogão

قابلمه

panela

قابلمه چدنی

panela de ferro

ماهی تابه گود

wok / kadai

ماهی تابه

frigideira

کتری

chaleira

بخارپز

panela a vapor

سینی فر

tabuleiro de forno

ظرف چینی آشپزخانه

louça

لیوان

caneca

کاسه

tigela

چاپستیک

pauzinhos

ملاقه

concha de sopa

کفگیر

espátula

همزن

batedor de claras

آبکش

escorredor

آبکش

peneira

رنده

ralador

هاون

almofariz

باربیکیو

churrasqueira

محل مخصوص افروختن آتش

lareira

تخته گوشت و سبزی

tábua de cortar

وردنه

rolo da massa

در بطری بازکن

saca-rolhas

قوطی

lata

در قوطی بازکن

abridor de latas

دستگیره پارچه ای

luvas de forno

سینک ظرفشویی

lava-loiça

برس گردگیری

escova

اسفنج

esponja

مخلوط کن

liquidificador

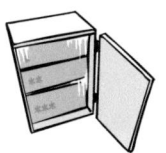

فریزر

arca frigorífica

شیشه شیر بچه

biberão

شیر آب

torneira

حمام

casa de banho

دوش
chuveiro
بخاری
aquecimento
حوله
toalha
پرده ی حمام
cortina de chuveiro
حمام کف
banho de espuma
وان حمام
banheira
لیوان
copo
ماشین لباسشویی
máquina de lavar roupa
شیر آب
torneira
کاشی
azulejos
لگن دستشویی کودکان
penico
سینک ظرفشویی
lava-loiça

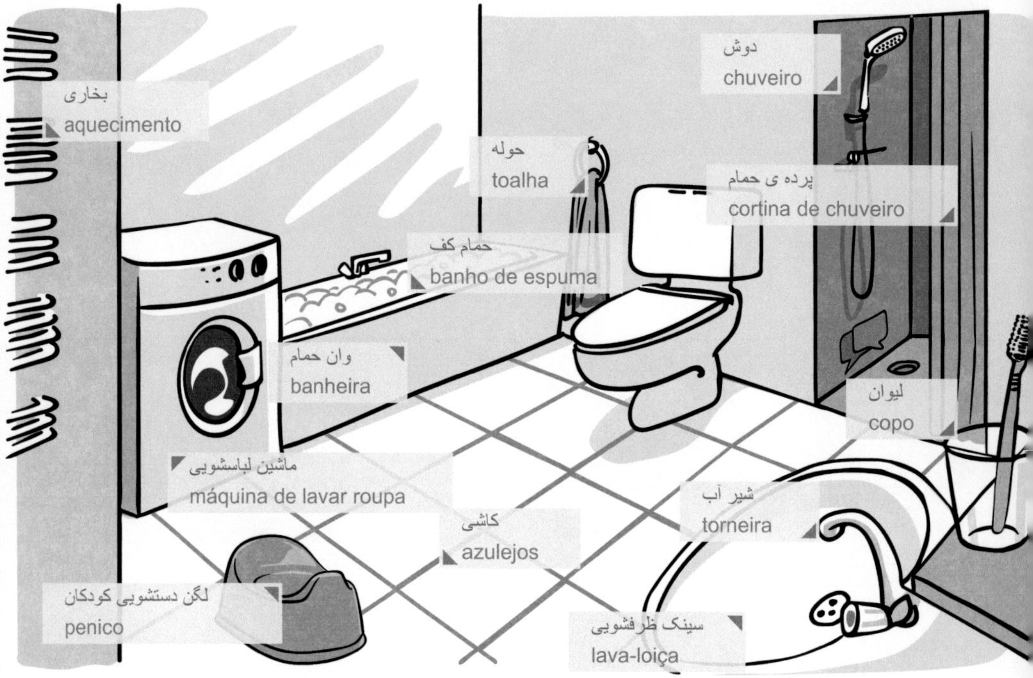

توالت

sanita

توالت ایرانی

retrete turca

کاسه توالت

bidé

توالت مخصوص آقایان

urinol

دستمال توالت

papel higiénico

فرچه توالت

piaçaba

مسواک

escova de dentes

خمیردندان

pasta de dentes

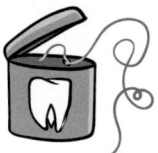

نخ دندان

fio dentário

شستن

lavar

دوش آب تلفنی

chuveiro de mão

شلنگ توالت

duche íntimo

لگن روشویی

bacia

برس شست و شوی پشت

escova para as costas

صابون

sabonete

شامپو بدن

gel de banho

شامپو

champô

لیف حمام

toalha de rosto

راه آب

escoamento

کرم

creme

اسپری دئودورانت

desodorizante

آیینه

espelho

آیینه ی کوچک دستی

espelho de mão

تیغ ریش تراشی

máquina de barbear

کف ریش‌تراشی

creme de barbear

افترشیو

loção pós-barba

شانه ی سر

pente

برس

escova

سشوار

secador de cabelo

اسپری مو

spray de cabelo

آرایش

maquilhagem

رژلب

batom

لاک ناخن

verniz de unhas

پنبه

algodão

قیچی ناخن

tesoura para unhas

عطر

perfume

کیف لوازم آرایشی و بهداشتی

nécessaire

چهارپایه

tamborete

ترازو

balança

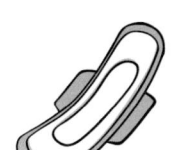

حوله ی پالتویی

roupão de banho

دستکش ظرفشویی

luvas de borracha

تامپون

tampão

نوار بهداشتی

penso higiénico

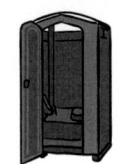

توالت سیار

WC químico

اتاق بچه

quarto de criança

ساعت زنگدار
despertador
نوعی عروسک نرم به شکل حیوانات
peluche
ماشین اسباب بازی
carro de brincar
جغجغه
chocalho
خانه ی عروسکی
casa de bonecas
کادو
presente

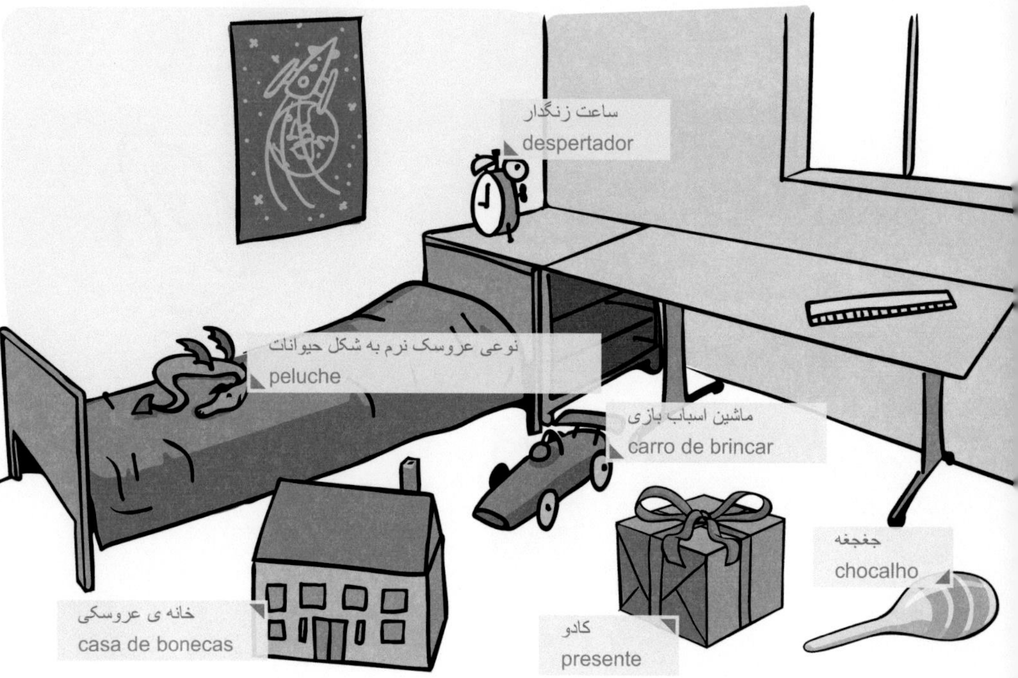

بادکنک

balão

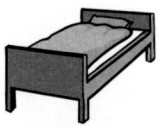

تخت خواب

cama

کالسکه بچه

carrinho de bebé

بازی ورق

jogo de cartas

پازل

quebra-cabeças

داستان مصور

banda desenhada

اسباب بازی لگو

peças de Lego

خانه سازی

blocos de construção

عروسک شخصیت های فیلم و کارتون

figura de ação

لباس نوزاد

fato de bebé

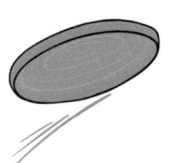

فریزبی

Frisbee

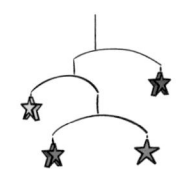

نوعی اسباب بازی که روی تخت نوزاد
یا کودک نصب می شود

móbile para bebé

بازی روی صفحه

jogo de tabuleiro

تاس

dados

قطار اسباب بازی

pista de comboio elétrico

پستانک

chupeta

مهمانی

festa

کتاب مصور

livro ilustrado

توپ

bola

عروسک

boneca

بازی کردن

jogar

جعبه شنی مخصوص بازی کودکان

caixa de areia

تاب

baloiço

اسباب بازی

brinquedos

کنسول بازی های کامپیوتری

consola de jogos

سه چرخه

triciclo

خرس عروسکی

ursinho de peluche

کمد لباس

guarda-roupa

لباس

vestuário

جوراب

meias

جوراب زنانه ساق بلند

meias pelo joelho

جوراب شلواری

meias-calças

شال
cachecol

چتر
guarda-chuva

تی شرت
t-shirt

کمربند
cinto

پوتین
botas

دمپایی
chinelos

کفش ورزشی کتانی
sapatilhas

صندل
sandálias

کفش
sapatos

چکمه پلاستیکی
botas de borracha

شرت
cuecas

سوتین
sutiã

جلیقه
camisola interior

بادى

body

شلوار

calças

جين

calças de ganga

دامن

saia

بلوز

blusa

پیراهن

camisa

پولیور

pulôver

سویی شرت

camisola com capuz

نوعی کت

blazer

ژاکت

casaco

کت بلند

manto

بارانی

gabardina

لباس نمایش

traje

لباس

vestido

لباس عروس

vestido de casamento

كت و شلوار

fato

لباس خواب زنانه

camisa de dormir

پیژامه

pijama

ساری

sari

روسری

lenço de cabeça

عمامه

turbante

برقع

burca

قبا

cafetã

عبا

abaya

لباس شنا

fato de banho

شرت شنا

calções de banho

شلوارک

calções

لباس ورزشی

fato de treino

پیشبند

avental

دستکش

luvas

دكمه

botão

عینک

óculos

دستبند

pulseira

گردنبند

colar

انگشتر

anel

گوشواره

brinco

کلاه لبه دار

boné

چوب لباسی

cabide

کلاه

chapéu

کراوات

gravata

زیپ

fecho de correr

کلاه ایمنی

capacete

بند شلوار

suspensórios

لباس مدرسه

uniforme escolar

لباس فرم

uniforme

پیش بند بچه

babete

پستانک

chupeta

پوشک بچه

fralda

اداره

escritório

سرور
servidor
کمد نگهداری پرونده
armário de arquivo
چاپگر
impressora
کاغذ
papel
مانیتور
ecrã
ماوس
rato
میز تحریر
secretária
زونکن
pasta
صفحه کلید
teclado
سبد کاغذ باطله
cesto de lixo
کامپیوتر
computador
صندلی
cadeira

لیوان قهوه

caneca de café

ماشین حساب

calculadora

اینترنت

internet

لپ تاپ

computador portátil

نامه

carta

پیغام

mensagem

تلفن همراه

telemóvel

شبکه ی ارتباطی

rede

دستگاه فتوکپی

fotocopiadora

نرم افزار

software

تلفن

telefone

پریز

tomada elétrica

دستگاه فاکس

fax

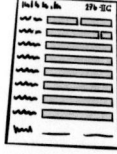

فرم

formulário

مدرک

documento

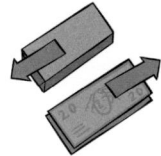

خریدن

comprar

پرداخت کردن

pagar

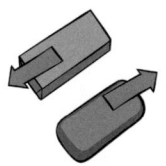

تجارت کردن

negociar

پول

dinheiro

دلار

dólar

یورو

euro

ین

yen

روبل

rublo

فرانک سوئیس

franco suíço

یوان رنمینبی

renminbi yuan

روپیه

rupia

دستگاه خودپرداز

caixa de multibanco

صرافى

casa de câmbio

طلا

ouro

نقره

prata

نفت

petróleo

انرژى

energia

قیمت

preço

قرارداد

contrato

مالیات

imposto

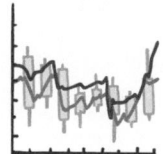

سهام سرمایه

ação

کار کردن

trabalhar

کارمند

empregado

کارفرما

entidade patronal

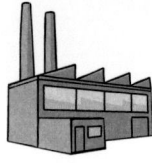

کارخانه

fábrica

مغازه

loja

مشاغل

profissões

مامور پلیس
agente da polícia
آتش نشان
bombeiro
آشپز
cozinheiro
دکتر
médico
خلبان
piloto

باغبان

jardineiro

نجار

carpinteiro

خیاط زنانه

costureira

قاضی

juiz

شیمیدان

químico

بازیگر

ator

راننده اتوبوس

motorista de autocarro

راننده تاکسی

motorista de táxi

ماهیگیر

pescador

نظافتچی زن

empregada de limpeza

سقف ساز

telhador

پیشخدمت رستوران

empregado de mesa

شکارچی

caçador

نقاش

pintor

نانوا

padeiro

برقکار

eletricista

کارگر ساختمانی

construtor

مهندس

engenheiro

قصاب

talhante

لوله کش

canalizador

پستچی

carteiro

سرباز

soldado

معمار

arquiteto

صندوقدار

caixa

گل فروش

florista

آرایشگر

cabeleireiro

مامور کنترل بلیط در قطار

controlador de bilhetes

مکانیک

mecânico

ناخدا

capitão

دندانپزشک

dentista

دانشمند

cientista

عالم یهودی

rabino

امام

imã

راهب

monge

کشیش

pastor

ابزارآلات
ferramentas

انبردست
alicate
چکش
martelo
پیچ گوشتی
chave de fendas
چراغ قوه
lanterna
آچار
chave inglesa

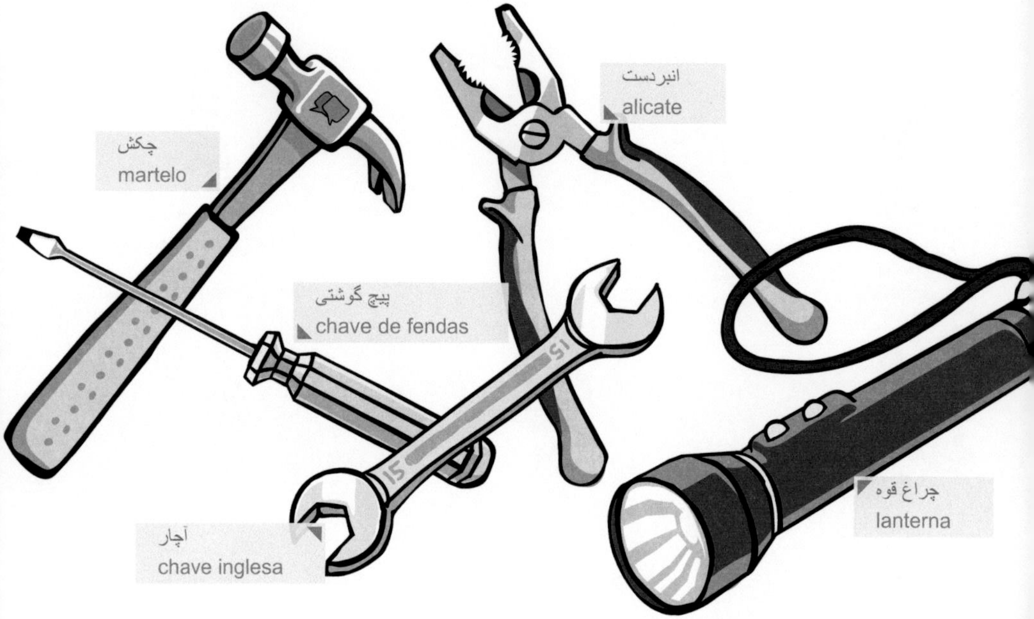

بیل مکانیکی
escavadora

جعبه ابزار
caixa de ferramentas

نردبان
escadote

ارّه
serra

میخ
pregos

مته
broca

تعمیر کردن

reparar

بیل

pá

لعنتی!

porcaria!

خاک انداز

pá de lixo

سطل رنگرزی

pote de tinta

پیچ

parafusos

آلات موسیقی

instrumentos musicais

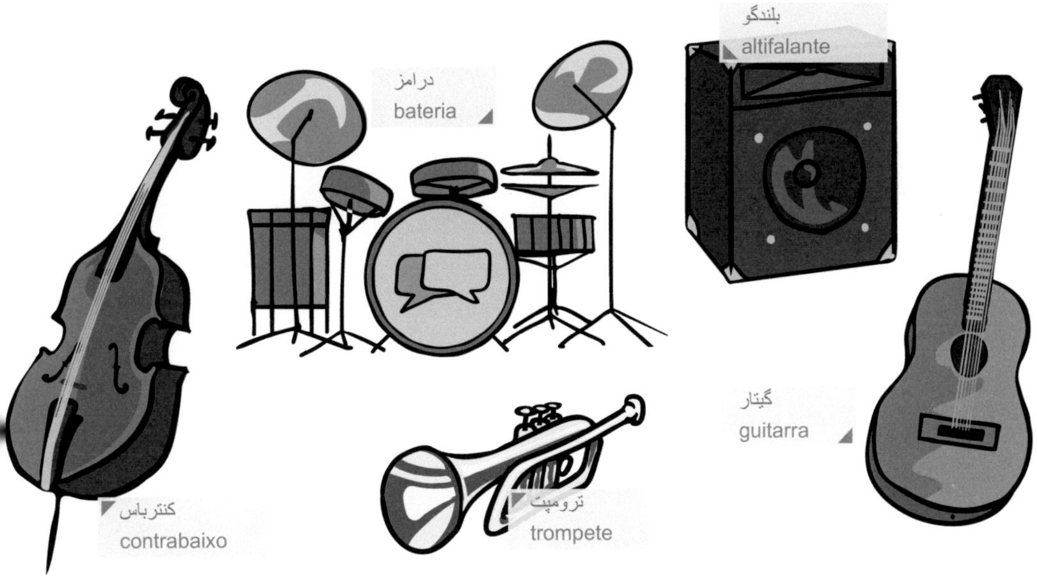

درامز
bateria

بلندگو
altifalante

گیتار
guitarra

کنترباس
contrabaixo

ترومپت
trompete

پیانو

piano

ویولن

violino

گیتار بیس

baixo

تیمپانی

timbales

طبل

tambor

کیبورد الکتریک

teclado

ساکسیفون

saxofone

فلوت

flauta

میکروفون

microfone

باغ وحش
jardim zoológico

ورودی
entrada
tigre
قفس
gaiola
گورخر
zebra
خوراک حیوانات
ração animal
خرس پاندا
panda

حیوانات

animais

فیل

elefante

کانگورو

canguru

کرگدن

rinoceronte

گوریل

gorila

خرس

urso

شتر

camelo

شترمرغ

avestruz

شیر

leão

میمون

macaco

فلامینگو

flamingo

طوطی

papagaio

خرس قطبی

urso polar

پنگوئن

pinguim

کوسه

tubarão

طاووس

pavão

مار

cobra

تمساح

crocodilo

نگهبان باغ وحش

guarda do jardim zoológico

خوک آبی

foca

پلنگ امریکایی

jaguar

اسب کوچک

pónei

پلنگ

leopardo

اسب آبی

hipopótamo

زرافه

girafa

عقاب

águia

گراز

javali

ماهی

peixe

لاک پشت

tartaruga

شیرماهی

morsa

روباه

raposa

غزال

gazela

ورزش ها

desporto

فوتبال آمریکایی
futebol americano
دوچرخه سواری
ciclismo
تنیس
ténis
بسکتبال
basquetebol
شنا
natação
هاکی روی یخ
hóquei no gelo
بوکس
boxe

فوتبال

futebol

بدمینتون

badminton

دوومیدانی

atletismo

هندبال

andebol

اسکی

esqui

پولو

polo

فعالیت ها

atividades

خندیدن
rir
پریدن
saltar
بغل کردن
abraçar
راه رفتن
andar
آواز خواندن
cantar
رؤیا دیدن
sonhar
دعا کردن
rezar
بوسیدن
beijar

نوشتن

escrever

رسم کردن

desenhar

نشان دادن

mostrar

هل دادن

empurrar

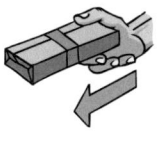

دادن

dar

برداشتن

tomar

داشتن
ter

انجام دادن
fazer

بودن
ser

ایستادن
ficar de pé

دویدن
correr

کشیدن
puxar

پرتاب کردن
remessar

افتادن
cair

دراز کشیدن
deitar

منتظر بودن
esperar

حمل کردن
carregar

نشستن
sentar

لباس پوشیدن
vestir

خوابیدن
dormir

بیدار شدن
acordar

تماشا کردن

olhar para

گریه کردن

chorar

نوازش کردن

acariciar

شانه کردن

pentear

حرف زدن

falar

فهمیدن

compreender

پرسیدن

perguntar

شنیدن

ouvir

آشامیدن

beber

خوردن

comer

مرتب کردن

arrumar

عاشق بودن

amar

پختن

cozinhar

رانندگی کردن

conduzir

پرواز کردن

voar

قایقرانی کردن

velejar

محاسبه کردن

calcular

خواندن

ler

یاد گرفتن

aprender

کار کردن

trabalhar

ازدواج کردن

casar

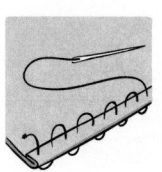

دوختن

costurar

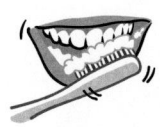

مسواک زدن

escovar os dentes

کشتن

matar

سیگار کشیدن

fumar

فرستادن

enviar

خانواده

família

مادربزرگ
avó
پدربزرگ
avô
پدر
pai
مادر
mãe
کودک
bebé
فرزند دختر
filha
فرزند پسر
filho

مهمان

convidado

خاله، عمه

tia

دایی، عمو

tio

برادر

irmão

خواهر

irmã

بدن

corpo

پیشانی
testa
چشم
olho
شانه
ombro
انگشت دست
dedo
صورت
cara
چانه
queixo
دست
mão
ساق پا
perna
سینه
peito
بازو
braço

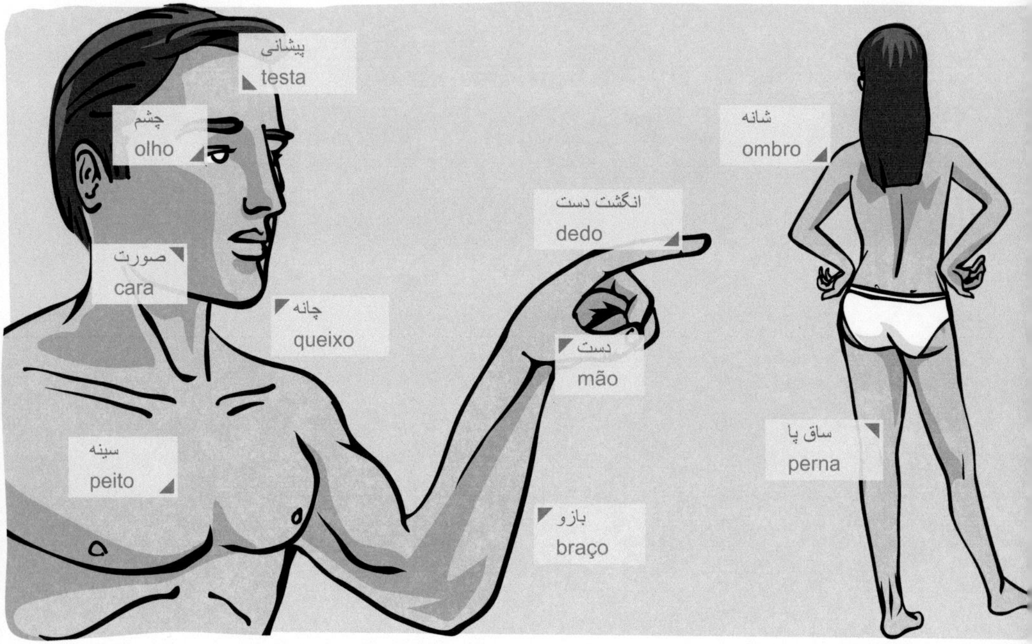

کودک

bebé

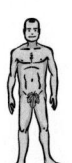

مرد

homem

زن

mulher

دختربچه

menina

پسربچه

menino

کله

cabeça

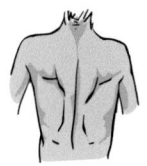

کمر

costas

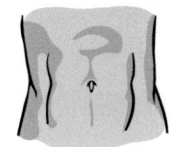

شکم

barriga

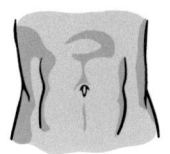

ناف

umbigo

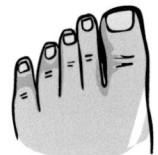

انگشت پا

dedo do pé

پاشنه

calcanhar

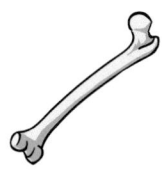

استخوان

osso

لگن

anca

زانو

joelho

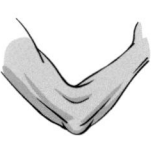

آرنج

cotovelo

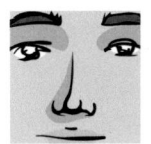

بینی

nariz

نشیمنگاه

nádegas

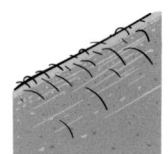

پوست

pele

گونه

bochecha

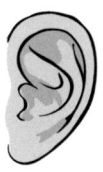

گوش

orelha

لب

lábio

دهان

boca

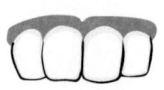

دندان

dente

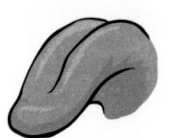

زبان

língua

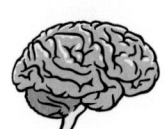

مغز

cérebro

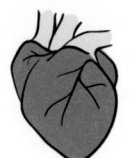

قلب

coração

عضله

músculo

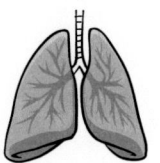

ریه

pulmão

کبد

fígado

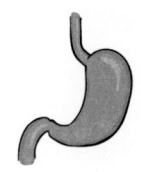

معده

estômago

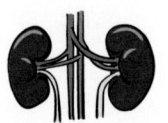

کلیه

rins

آمیزش جنسی

relações sexuais

کاندوم

preservativo

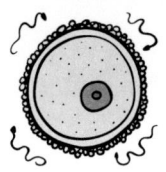

تخمک

óvulo

اسپرم

esperma

حاملگی

gravidez

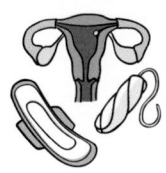

پریود
....

menstruação

واژن
....

vagina

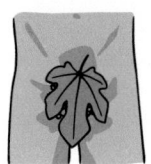

آلت تناسلی مرد
....

pénis

ابرو
....

sobrancelha

مو
....

cabelo

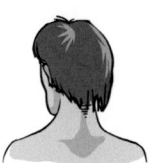

گردن
....

pescoço

بیمارستان
hospital

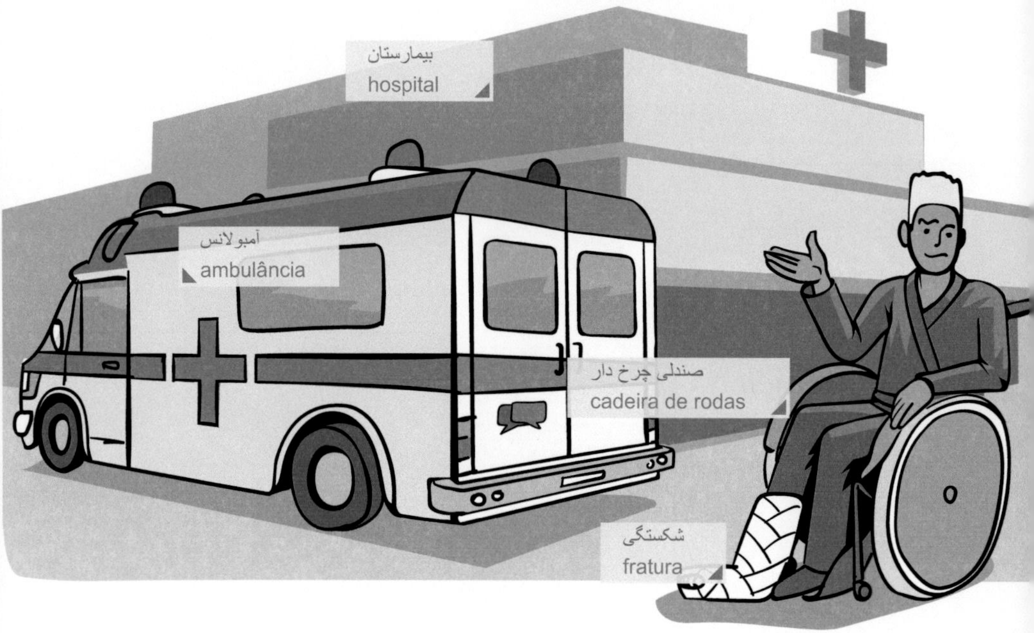

بیمارستان
hospital
آمبولانس
ambulância
صندلی چرخ دار
cadeira de rodas
شکستگی
fratura

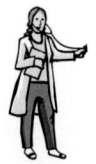

دکتر

médico

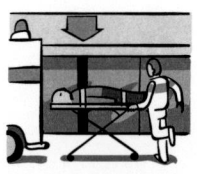

بخش اورژانس

serviço de urgências

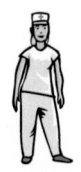

پرستار

enfermeira

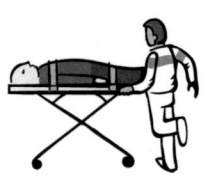

موقعیت اضطراری

emergência

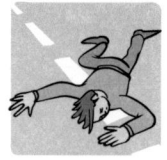

بی هوش

inconsciente

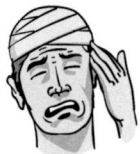

درد

dor

مصدومیت

ferimento

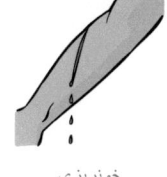

خونریزی

hemorragia

سکته قلبی

ataque cardíaco

سکته مغزی

acidente vascular cerebral

آلرژی

alergia

سرفه

tosse

تب

febre

آنفولانزا

gripe

اسهال

diarreia

سردرد

dor de cabeça

سرطان

cancro

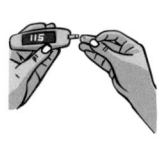

دیابت

diabetes

جراح

cirurgião

چاقوی جراحی

bisturi

عمل جراحی

operação

سی تی اسکن

CT

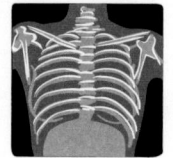

پرتونگاری

raio x

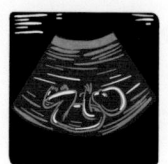

سونوگرافی

ultrassom

ماسک صورت

máscara

بیماری

doença

اتاق انتظار

sala de espera

چوب زیر بغل

muleta

چسب زخم

penso rápido

پانسمان

ligadura

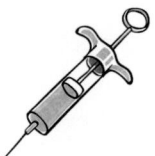

تزریق

injeção

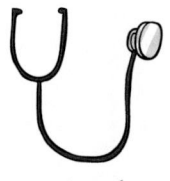

گوشی طبی

estetoscópio

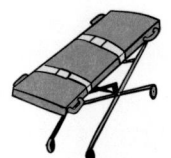

برانکار

maca

دماسنج

termómetro

زایش

nascimento

اضافه وزن

excesso de peso

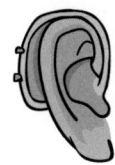

سمعک

aparelho auditivo

ماده ضد غفونی کننده

desinfetante

عفونت

infeção

ویروس

vírus

اچ آی وی / ایدز

HIV / SIDA

دارو

medicamento

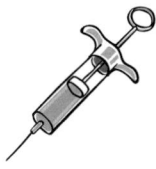

واکسیناسیون

vacinação

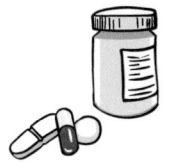

قرص

comprimidos

قرص ضد حاملگی

pílula

تماس اظطراری

chamada de emergência

دستگاه اندازه گیری فشارخون

dispositivo de medição de
pressão arterial

مریض / سالم

doente / saudável

موقعیت اضطراری

emergência

کمک!

Socorro!

آژیر خطر

alarme

حمله

assalto

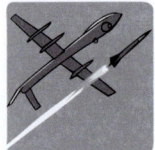

حمله ی فیزیکی

ataque

خطر

perigo

خروج اظطراری

saída de emergência

آتش

Fogo!

کپسول آتش‌نشانی

extintor de incêndios

تصادف

acidente

جعبه کمک های اولیه

estojo de primeiros socorros

درخواست کمک

SOS

پلیس

polícia

کره زمین
terra

اروپا
Europa

آمریکای شمالی
América do Norte

آمریکای جنوبی
América do Sul

آفریقا
África

آسیا
Ásia

استرالیا
Austrália

اقیا نوس اطلس
Atlântico

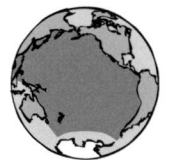

اقیانوس آرام
Pacífico

اقیانوس هند
Oceano Índico

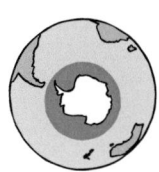

اقیا نوس اطلس جنوبی
Oceano Antártico

اقیانوس منجمد شمالی
Oceano Ártico

قطب شمال
Polo Norte

قطب جنوب

Polo Sul

قاره قطب جنوب

Antártica

کره زمین

terra

سرزمین

país

دریا

mar

جزیره

ilha

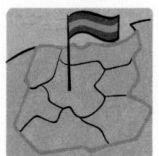

ملت

nação

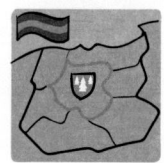

کشور

estado

ساعت

relógio

صفحه ی ساعت

mostrador do relógio

ساعت شمار

ponteiro das horas

دقیقه شمار

ponteiro dos minutos

ثانیه شمار

ponteiro dos segundos

ساعت چند است؟

Que horas são?

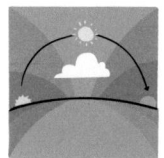

روز

dia

زمان

tempo

اکنون

agora

ساعت دیجیتال

relógio digital

دقیقه

minuto

ساعت

hora

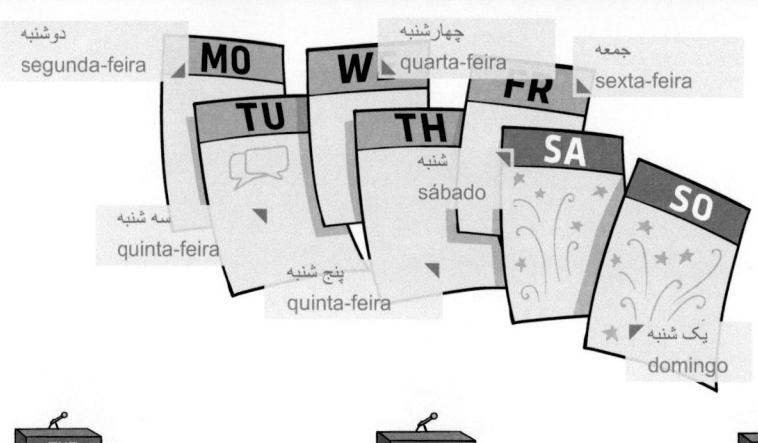

هفته

semana

دوشنبه
segunda-feira
سه شنبه
quinta-feira
چهارشنبه
quarta-feira
پنج شنبه
quinta-feira
جمعه
sexta-feira
شنبه
sábado
یک شنبه
domingo
SA

دیروز

ontem

امروز

hoje

فردا

amanhã

صبح

manhã

ظهر

meio-dia

غروب

entardecer

روزهای کاری

dias úteis

آخر هفته

fim de semana

سال

ano

باران
chuva
رنگین کمان
arco-íris
باد
vento
برف
neve
بهار
primavera
تابستان
verão
پاییز
outono
زمستان
inverno

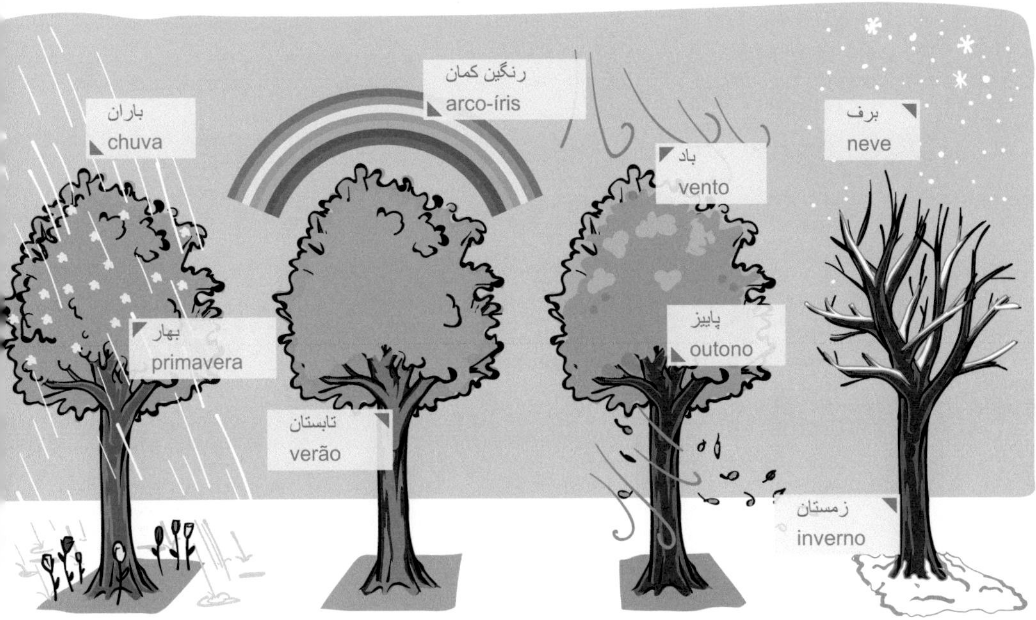

پیش‌بینی اوضاع جوی

previsão do tempo

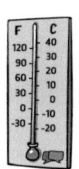

دماسنج

termómetro

تابش آفتاب

raios de sol

ابر

nuvem

مِه

neblina / nevoeiro

رطوبت هوا

humidade do ar

صاعقه

relâmpago

آسمان غره

trovão

طوفان

tempestade

تگرگ

granizo

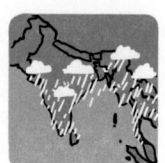

باد موسمی

monção

سیل

inundação

یخ

gelo

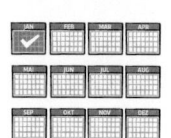

ژانویه

janeiro

فوریه

fevereiro

مارس

março

آوریل

abril

مه

maio

ژوئن

junho

ژوئیه

julho

آگوست

agosto

سپتامبر

setembro

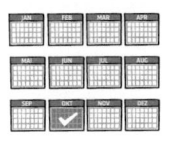

اکتبر

outubro

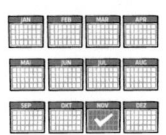

نوامبر

novembro

دسامبر

dezembro

اَشکال

formas

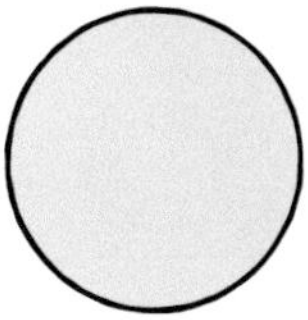

دایره

círculo

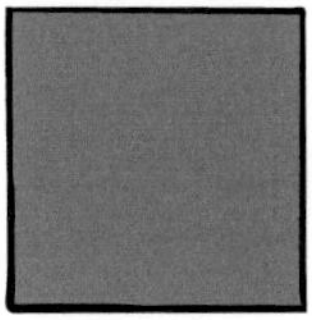

مربع

quadrado

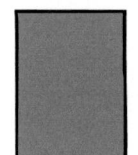

مستطیل

retângulo

سه گوش

triângulo

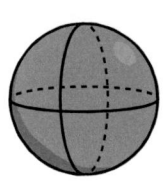

گره

esfera

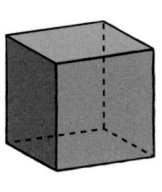

مکعب مربع

cubo

رنگ ها

cores

سفید

branco

زرد

amarelo

نارنجی

laranja

صورتی

rosa

قرمز

vermelho

بنفش

lilás

آبی

azul

سبز

verde

قهوه ای

castanho

خاکستری

cinzento

سیاه

preto

متضاد ها

opostos

خیلی / کم

muito / pouco

خشمگین/ آرام

furioso / calmo

زیبا / زشت

lindo / feio

شروع / پایان

princípio / fim

بزرگ / کوچک

grande / pequeno

روشن / تیره

claro / escuro

برادر / خواهر

irmão / irmã

تمیز / آلوده

limpo / sujo

کامل / ناقص

completo / incompleto

روز / شب

dia / noite

مرده / زنده

morto / vivo

پهن / باریک

largo / estreito

قابل خوردن / غیر قابل خوردن

comestível / não comestível

غضبناک / مهربان

mau / gentil

هیجان زده / بی حوصله

entusiasmado / entediado

چاق / لاغر

gordo / magro

اولین / آخرین

primeiro / último

دوست / دشمن

amigo / inimigo

پر / خالی

cheio / vazio

سفت / نرم

duro / macio

سنگین / سبک

pesado / leve

گرسنگی / تشنگی

fome / sede

مریض / سالم

doente / saudável

غیرقانونی / قانونی

ilegal / legal

باهوش / خنگ

inteligente / burro

چپ / راست

esquerda / direita

نزدیک / دور

perto / longe

نو / استفاده شده

novo / usado

هیچ چیز / چیزی

nada / algo

پیر / جوان

velho / jovem

روشن / خاموش

ligado / desligado

باز / بسته

aberto / fechado

آهسته / بلند

baixo / alto

ثروتمند / فقیر

rico / pobre

درست / غلط

certo / errado

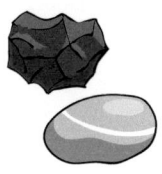

زبر / صاف

áspero / liso

غمگین / خوشحال

triste / feliz

کوتاه / بلند

curto / longo

کند / تند

lento / rápido

تر / خشک

molhado / seco

گرم / خنک

ameno / fresco

جنگ / صلح

guerra / paz

اعداد

números

0

صفر

zero

1

یک

um

2

دو

dois

3

سه

três

4

چهار

quatro

5

پنج

cinco

6

شش

seis

7

هفت

sete

8

هشت

oito

9

نه

nove

10

دَه

dez

11

یازده

onze

12
دوازده
doze

13
سیزده
treze

14
چهارده
catorze

15
پانزده
quinze

16
شانزده
dezasseis

17
هفده
dezassete

18
هجده
dezoito

19
نوزده
dezanove

20
بیست
vinte

100
صد
cem

1.000
هزار
mil

1.000.000
میلیون
milhão

زبان ها
idiomas

انگلیسی

inglês

انگلیسی آمریکایی

inglês americano

چینی ماندارین

chinês mandarim

هندی

hindi

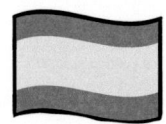

اسپانیایی

espanhol

فرانسوی

francês

عربی

árabe

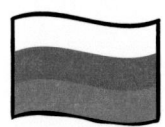

روسی

russo

پرتغالی

português

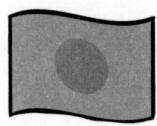

بنگالی

bengalês

آلمانی

alemão

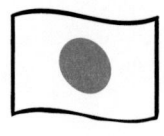

ژاپنی

japonês

چه کسی / چه چیزی / چگونه

quem / o quê / como

من

eu

تو

tu

او

ele / ela

ما

nós

شما

vós

آنها

eles / elas

چه کسی؟ کی؟

quem?

چی؟

o quê?

چگونه؟

como?

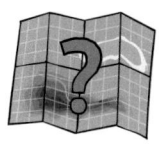

کجا؟

onde?

کِی؟

quando?

نام

nome

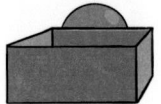

کجا

onde

پشت

atrás

توی

em

جلو

à frente de

بالای

sobre

روی

em cima

زیر

debaixo

مجاور

ao lado

بین

entre

مکان

lugar